봄과 여름 사이

이천우 시집

서문

이천우

겁 없이 시집을 냈나보다
2번째 시집을 내면서 점점 내 글에 대한 자신감이 작아지는 것을 느낀다.
깊고 깊은 시의 혼, 금 같은 위압감에 눌려 몇 번이고 도망치고 싶었지만 마약처럼 중독이 되었던지 자꾸만 뒤 돌아 보게 한다.
내가 진정 바라는 것이 하나 있다면 단 한편이라도 좋은 글 쓰는 것이다
그러나
모자라는 능력을 어찌하랴…
하지만 설익은 사랑처럼 씁쓸한 기분으로 위로를 찾아 시라는 도피처를 찾게 된다.
들쑥날쑥한 생활의 구비마다 시어들을 찾으려고 많은 시간 이슬 먹은 골목길을 쏘다녔다.

꽃이 피기까지는 아직도 많은 시간을 두고 숙성이 필요하다.
그 때를 위하여 오늘의 부끄러움을 가리고 싶다.
미숙한 글의 완성도를 높이기 위해 조언을 아끼지 않으신 김낙영 시인께 고맙다고 적는다.

2011년 겨울
Fairfax 에서 이천우

차례

제2부

어머니 기일

제3부

상심

제4부
자화상

제5부
봄과 여름 사이

제1부

폭설 내리는 날

샌드브리지의 자전거

한 3년을 벼르던 가족휴가를 떠났다
국수발처럼 주르룩 비가 내리고
바람은 칼날을 세워 빗줄기를 휘젓는다

쉼 없는 파도
오늘도 지치지 않고
비릿한 냄새 풍긴다

오염된 거품을 밀어 내고 밀어 내고
거품으로 씻긴 모래 훑아 가고
백사장은 깨끗한데
세월에 씻긴 나그네는
해수가 쌓인 석화처럼 서글프다
허리가 휘도록 살아온 한 시절에
많이도 늙어버린 노송 눈물을 떨군다

50년이 지난 지금
자전거를 탄다는 게 쉬운가

5살배기 손녀에게 다시 배운다
빨리 가지 말라! 똑바로 가라!
모래밭으로 가지 말라!
뒤에서 차가 온다!
삐뚤빼뚤 넘어지면서
그렇게 살아 왔듯이
자전거를 타고 비 내리는
해변을 달린다.

폭설 내리는 날

찻잔을 들고 상념에 잠긴다
찻잔과 상념사이로 끼어드는
오래된 노래 '이사 가던 날'이
TV 속에서 기어 나온다
슬그머니 젖어오는 눈시울에 취하는데
눈은 어제도 오늘도 내일도 내린단다
세상을 새하얗게 묻어버린 무덤 속
하얀 누에고치 속 애벌레는
생각한다
푸른 하늘을 어떻게 날까 하고…

산이 좋아서

봄이라지만 뜨락에
눈덩이는 무거운 침묵에 잠겨 있고
폭설이 훑고 지나간 가슴은
눈 소리만 들려도 멈칫멈칫 거린다

그 많은 눈은 누가 낳았는가
겨우내 시달리던 마음으로
산을 찾아 나섰다

그렇게도 죽 끓듯 요란하던 삶이
멀리 속세로 보이고
무작정 탈출한 심신은
정지된 시간을 오른다.
소음에서 벗어난 귀는 한가롭고
나무 가지를 헤치며 달리는 바람은
구석구석 맺힌 짜증들을 용서하란다

마음껏 들이마셔도 좋은

신선한 산수
한 보따리 싸들고 돌아 왔다

조춘(早春)

이른 아침 성당 가는 길목에 수양버들
연두색이 보일 듯 말 듯 하더니만
돌아오는 길엔 벌써 애기 새끼 손 가락
손톱만한 잎이 돋았다
왠지 허전하니 무엇인가 혼자 처지는
기분 같아 허탈한 웃음이 나온다
다음 주쯤은 모두다 앞 다투어 꽃도 피
고 잎도 피겠지
다급하기도 하지만 그렇다고 뭘
어찌해야 하는 것도 아니잖나
설익은 사랑처럼 싱그럽지만
바빠지는 벌 나비가 있을 것이니
위축 되었던 가슴이 훈훈해지는 것은
숨길 수 없다.

Merry Christmas

화이트 성탄은 아니었다
초롱 초롱한 밤하늘 별빛이 유리알처럼
차다
사람들은 때 묻은 금 부치는 숨겨놓고
빈손이라고 오리 발이다
풀 깎던 늙은 라티노
집에 가더니 영영 돌아오지 않는다
노동을 팔겠다는 젊은이가
풍찬 노숙에 떨고 있고
헐값에도 안 팔리는 집
매물이란 간판을 보니 쓸쓸이
눈물이 돈다
식당 여 종업원
주인이 바뀔 때 마다 소식도 없이
보이지 않는다
구세군 빨간 자선남비 빨간 종이
울어대고
지나가는 어른들 힐끔 쳐다보며

지나친다
엄마 따라온 꼬마
동전 넣는 소리가 땡그랑 한다

음침한 검은 구름 사람들을 짓누르고
회사가 문 닫는다고 풀이 죽은 젊은이

구급차를 부를 수 없는
가난한 노인 아파트의 밤은 조용하다
사면초가에 갇힌 사람들
죽은 척 숨을 죽이고 있다.

가을이 지나는 소리

작은 앞뜰에 어디서 왔는지
낯선 손님이 붉은 고깔을 쓰고
서성이니
열정으로 사랑했던 바람들도
힘없이 붉은 물이 든다

모든 것 다 잃은 멍한 나에게
누군가 불쑥 나타나
휘청이는 슬픔 하나 잡아준다면
심난한 가슴 위안이 되겠는데

못내 아쉬움이 커진 채
오직 나는 나만으로 남아서
흐르는 계절 앞에 놓고
독한 소주 홀짝인다

줄기는 어디 가고 늙은 호박만
한천에 홀로 앉아

계절이 지나는 소리를 듣는다

상춘(傷春)

가지 치는 시기가 되면 마음이
모질어진다
한 세월 최선을 다한 결과가
당료 환자 발 잘리듯
인연도 잘려 아픈 피 흘리면

밤을 지키던 참새들
깊은 꿈속으로 빨려 들어가고
가지는 모두 같은 모양으로 돌아간다

곁가지와 속으로 옹이진 가지
열매도 맺지 못하는 도장지들
자르기가 안쓰럽지만
녹슨 전지 가위 들고
가지에 상처를 내며
뿌리 깊은 밤의 가시와 씨름을 한다

봄은 또 많은 상처를 내고 있다.

믿음

꽃은 죽어도 꿈만은 버리지 않는다
고통이 속으로 속으로 스며들어도
새 봄이 있다는 것을 믿는다

고통 속에서 죽지 않고 꽃을 준비 했다
너는 내 언 손을 잡아주지도 않았고
다정한 입김으로 떠는 가슴을 녹여 주
지도 않았지만
때가 차면 동토를 찾아온다
곱다고 꺾지 말라
꽃이 죽으면 고개를 돌리겠지만
씨방에 숨은 생명을 고이 품고
긴 어수선한 계곡을 건너야 하고
너는 꽃을 보려면 오만과 질시를 버리
고 지루한 기다림을 재워야 한다

꽃잎을 시리도록 그리운 그 사람에게
날려 보내고

찬바람이 옷소매를 파고들 때
예수가 너를 사랑하듯
너를 위하여 모든 것을 주리라

산 벚

단풍이 떨어지면 낙엽이다

아픔들을 아름답다 훔쳐보며
죽음들이 쌓이는 곳을
시름 가득 안고 오솔길을 걷는다

가시 돋친 노란 잎 무엇이
그리도 미웠나
둥그스름한 갈색 바탕에 검은 점
누구를 사랑하다 멍이 들었나
아직은 푸른빛이 남았는데
빨간 반점은 어느 화가의 혼이
점점이 박힌 가녀린 잎
못내 가슴 아파 마음을 쥐어뜯어
구멍 난 잎
쭉쭉 뻗은 굴참나무 가지에 눌린
산 벚나무

검붉은 잎이 가지를 떠나며 하늘거린다
멀리 떠나버린 여인의 손짓이었으면
빨갛게 물든 마음도
설렁이는 바람 타고 굴러간다
손짓 따라
나무들 사이를 재어 보는 발걸음에
낙엽들이 채인다

지나는 사람과 혹 어깨라도 부딪치면
서로 처다 보는 눈 길 속에서
낙엽처럼 눈물겨운 추억이라도
만들어지면 좋겠다.

비에 젖은 수채화

천둥 번개 울어댄 후
후련한 소나기 한 바가지
쏟아 놓고 간다

담벼락 옆으로
여름 채소 정성 드려 가꾼다

마음도 부푼 한 끝에서
여름이 줄줄이 오이 넝쿨에 열린다

어느 후덥지근 찌던 날 오후
푸성귀도 푹 시들어 고개 숙이고
적선을 바라며 처분만 바라고 있다

심술에 시달리는 여름 밤
제 맛을 잃은 꼬부라진 오이들
한 줄기 소나기가 얼마나 그리울까

많은 기도의 효험도 없이 샛길에도
젊은 여름이 마른 바람에 시달린다

그 많은 고통을 다 겪어야
여름은 물러 가나보다

숲속 길

OX 로드 선상 공원을 끼고
버크 레익이 있고
레익을 둘러 싼 아름드리 원시림
속으로 2시간 산책길이 있다

퇴역한 장군도 배가 나와 헐떡이며 뛰
고 정년 퇴직한 교수님은 혈압이 오른
다고 매일 찾아온다

유한부인들 배살 뺀다고 비지땀을 흘리
며 뛰고 젊은 여인네 보기에 미끈한데
왜 뛰는지 모르겠다

나도 그 곳에 매주 한두 번은 간다
당 수치가 높은 아내의 도우미가 되어
당에는 매일 1시간 정도
운동을 해야 한단다
콜레스톨의 수치가 높다고

나도 운동을 하란다
오래 살고 싶으면…
동분서주 하던 친구는 무엇이 부족한지
심장 마비로 편히 쉬러 갔다

생의 궤도에서 물러난 역군들 이제야
뛰고 있으니
너무 늦어버린 지난 시간이 잡힐까
숲 속 길은 선탠 크림도 필요 없어 좋
고 반바지에 땟국이 얼룩져도 곁눈질
없어 좋다

젊은 날을 마구잡이로 혹사해
때 묻어 넝마가 된
몸과 마음을 달래려 또 고생길을 뛰고
지난 날 이밥으로 배 불리고 편히 게으
름 핀 죄로 뛰고

모두들 자갈길에서 빈주먹으로 만난다.

썩은 흙에서 꽃은 핀다

오래 전 눈만 껌벅이며 삶을
떠난 친구가 남긴 길고 큰 상처에서
여린 새싹이 돋아났다
큰 의미가 있는 바람도 없이
자석에 끌리듯 삶에 이끌려
빠지는 머리카락으로
그날 그날을 동여매었다

들녘에 향기 많은 꽃이 피어나고 있다
속이 썩어 흙으로 쌓이고
눈물로 다진 척박한 땅
그 곳에서 꽃향기가 피고 있다
흙냄새 지닌 나무들
상처가 큰 곳에서 큰 나무로 자라고
사람의 가슴속이 검게 탄 사연을
누군가 분홍색으로 색칠 할 것이다

가고 없는 세상

아비가 넘어진 그 땅에서
아들은 그 땅을 짚고 일어선다

우체통

골목길에
우뚝우뚝 서 있는 우체통
각각 자기 집 앞에 나와
좋은 일 궂은 일
드나듦 다 본다
새벽같이 일터로 가며 넣는
편지 두어 통
어떤 사연일까
고통스런 기다림
구름도 해를 가린다
허둥지둥 돌아오는 아줌마
곱던 얼굴에 주름 하나 붙이고
눈까풀에 지친 삶이 매달려있어
우편물 전해주기 죄스러워 눈을 감는다
하루의 노동보다 더 무거운
청구서 또 청구서

운전이 미숙한 학생

후진도 못하는 아줌마
이리저리 쓰러트리고 부시고, 그래도
그 때마다 그 땅을 짚고 일어섰다
SAT 점수에 마음상한 이웃학생
마음 두드리는 소리에 양철통 대신
박살나고 달빛도 놀라는데
뒤돌아보는 이 없다

좋은 소식 전하지 못한 죄로
삶이 찢기고 쭈그러져도
내일 찾아올 좋은 소식 위하여
뜰 앞으로 나선다.

젊은 날

여름철에 흐르는 날씨는
바람이 곳에 따라 강하게 불 것이다
맑았다 흐렸다 하다가
곳에 따라 비를 뿌릴 것이다
구름이 오락가락 하며
오후 한때 강풍을 동반한
소나기가 지나갈 것이라며
홍수 주위보가 내려졌다

북풍 동풍이 몹시 몰아친다
식상한 일기 예보
뻥 차고 싶다 .

Beach House

대서양 연안
들고 나는 긴 다리를 건너면
잠기다 남은 Outer banks라는 섬이
있다

오랜 세월 파도와 살고 있는
Whale head란 동네
그 동네에 커다란 판잣집을 가지고 있
는 Mr Steve
한 여름 셋돈을 받아
지루한 겨울을 살아가는 Steve
가끔 삶들이 고여 있는 술집에서 만나
면 놀러오란다

오늘따라 수심을 가득 담고
고통스런 긴 이야기를 늘어놓는다
불경기란 한파에 속속들이 병이 들어
사는 것이

하루하루가 무겁단다
정년 퇴직을 하면 알라바마로 옮길까
하고 For sale 붙인지가 1년,
또 1년만 참으면
숨통이 트일까…

파도는 답답한 세월만 품고 출렁인다.

해송(海松)

파도는 기를 쓰고 수없이 들락이며
남기고 간 흔적을 지우려고 하지만
구름은 유유히 흐르는 강 건너 불이다

조개 무덤은 어이하여 말을 못하나
수 억년의 역사를 가진 슬픈 이별이 있
을 텐데

검푸른 소나기가 연인처럼 지나가니
온통 시끄러워지는 해변
휠체어 바퀴 돌리는 팔뚝이 검게 탔고
앙상한 다리들이
끝없는 해변 길을 절룩이며 뛰고 있다
방울달린 미인들의 배꼽에 물이 들면
여인은 드디어 엄마가 되고
나는 너로부터 점점 멀어지는
섬이 된다

묵묵히 젖은 추억을 잡고 있는 해송은
그 자리에 서서
또 하나의 무상을 적는다.

제2부

어머니 기일

알게 되겠지

아들과 골프장엘 갔다
불볕 속에서 땀과 싸우며
찬 소다수로 달랬다
언제나 그랬듯이
좋은 성적을 기대 하지만
원래 변수가 많아 불만이 깊은
강이기도 하다

오늘따라 같이 젊어졌다
자식 이길 부모 없다 했다
정지된 나의 수입 기대 밖에서
희미한데
아들 부부의 수입은 두 서너 곱으로
부자이니 내가 당할 수 없지

예쁜 아내가 있으니 더욱 그렇고

오늘도 아들 덕을 보았다

고급 골프장에서 부자 노릇하면서
한 여름 뙤약볕 속에 신선노름을 했다

하기야 투자를 잘 한 것인지 모르겠다
원래 가진 것이 없지만
살아가는 기본이 되는 것은
다 물려 주었다
인터넷 세대인 아들은 모르겠지
하지만
살아가는 순간순간 마다
고맙다는 것을 알게 될 것이다

'자아' 시원한 맥주 한잔 씩 하자

처방약은 없을까

또 속이 쓰려온다
지독한 염산이 올라온다
부드러운 식도에 상처가 난다
옛날에는 돌이라도 소화시키더니

좋은 약이 있을 텐데
이 아픈 세상을 고칠 처방약은 없을까

일에 쫓기며 두 끼를 한 끼로

허겁지겁 살아오면서
삭이지 못한 침전물이 쌓인 것이다
LA 갈비에 붙은 기름을
혈관이 뿌듯하도록 먹었던 탓일까
햄버거에 튀긴 감자
제 맛이라는 콜라를 물 보다 더 흔하게
Refill 또 Refill 마셔댄 탓인지 몰라
허기진 하루를

삼겹살에 잔유 농약이 있는
채소로 채워서인가
중국산 고춧가루 김치를 먹어서일까
매운 고춧가루가 오늘도 식도로 치밀고
있다

뱃속 세상은 온갖 국적 불명 세계화 식
품으로 부글부글 춘추전국상태
산다는 것이 어찌 쉬울까만
안팎으로 쓰라리움 많아도
동거해야만 한다는 걸 알았다.

어머니 기일(忌日)

부침개 서너 장 싸 들고
마실 간 울 엄마
금방 오시겠다더니

이불 뒤집어 쓰고
등잔불 밑에 숨어 기다리는 동안
도깨비만 몇 번이나 왔다 갔다

엄마 발자국 소리 들릴까
숨죽이고 귀만 열어놓았다
바람이 지나가는 소리뿐
오줌 싸도록 기다리고 기다려도
천년보다 더 긴 그 밤
등잔불은 도둑바람에
꺼질듯 꺼질듯
무서웠던 긴 긴 밤
지금도
엄마 발걸음 소리

찍 찍 고무신 끄는 소리 들린다
무서워 땀이 배였던 내 어린 시절의 밤

억울한 죽음 앞에
원망도 못하고
향불 따라가는 6.25 전장
젊은 어머니께 안부를 묻는다.

홀가분한 하루

하루라는
물웅덩이 속에서
신신 파스를
숙명처럼 덕지덕지 붙이고
개구리는 뛰어본다
저 청산 쪽으로

햇빛이 늦잠 자는 사이로
도둑 같이 빠져나가는 아침
발뒤꿈치에 반창고 붙이고
두 겹 양말로 배낭을 챙긴다

한결 가벼워진 하루
보온병 따끈한 모카 커피를 마신다
이것저것 하루의 살림살이에서
많은 사연들이 엉겨 붙은 몸으로
사치 같은 산행을 나선다

아름다운 그녀를
만나러 가는 흐뭇한 기분으로.

견디며 삽시다

시월이 또 왔다
반갑지 않은 손님
감기 바이러스를 데리고
문틈으로 기어들까
문풍지를 붙이지만
수 백 종이나 되는 바이러스
막을 수 있을까

보이는 놈이라면 잡을 수 있겠는데
이 긴 삭풍 부는 겨울 밤
피해가려
모두들 예방주사를 맞는다

구제 금융으로
다시 살아나
미소 짓는 내일 되기 바라며
예방 주사를 맞는다.

고물 자동차

고물 차가 꿈을 꿉니다
옛날이 된 젊음이 눈물을
글썽이게 합니다

부픈 자유로 잿빛 도시를
마구 달렸습니다
달리는 길 위에 웅덩이가 숨어
있다는 것
아는 듯 모르는 듯
새 차에 기분 싣고 한 시절을 질주 했
습니다

지나던 고물차가 심술 굳게
면상에 생채기를 입혔습니다
차선을 넘어 온 SUV가
옆구리를 치고 들어와
죽음 곁에 누워도 보았습니다
불행은 쉴 틈도 없이 도사리고

있습니다
얼마나 힘 드는지 술 취한
픽업-트럭이 동반자를 찾습니다
잿빛 거리에 홀로 선 전신주와
죽음을 흥정 하다가
병원으로, 폐차장으로
인연이 끝났습니다

고물차의 바퀴는 젊은 세단으로
발전기는 픽업-트럭으로
스타러는 병든 SUV로 옮겨
세상으로 달리겠지만

나는
몸속의 철심들이 삶을 꾹꾹 찌릅니다
언젠가 내가 부서지는 날
안구는 빛을 잃은 소녀에게 옮겨
아름다운 사랑을 그리며 또
한세월 꾸미겠지요

생의 절박한 삶들이
녹 쓸어가고 있습니다.

광어는 죽었나 살았나

홍어시 광어동
횟집에 모여 앉았다
음침한 어항 속 활어로 갇히어
값이 꺾인 소주잔을 들고
넘어오는 시름도 꿀꺽 마신다
실직한 이 서방이 불경기라고 울어대는
박 서방과 마주했다
출출한 저녁 거나하게 취하면
불안한 내일은 내 것이 아니라고
억지를 쓴다
먼 어느 낯선 곳에서 왔다는 활어들
온갖 처방약으로 사는 이서방을 만났다
각종 항생제로 연명하는 광어들이
펄펄 뛰다가 넘어졌다
아직도 살아서 올려다보는 두 눈이
초롱초롱 겨울밤 별빛을 닮았다
이미 칼을 맞아
퍼덕이는 비명 속에서

밤늦도록 서로 바라다만 보았다.

귀가(歸家)

허기진 등이 굽어졌다
저녁을 알리는 긴 귀가 길
아쉬움이 어둠 속에서 눈을 뜬다
신호등에 걸린 마음들
먼저 달려가지만
긴 뱀 꼬리가 밟힌다

위장(胃臟)을 훤히 밝힌 메트로 버스
모두 노숙자 되어 꾸벅인다
긴 창자를 하얗게 밝힌 전철 속
외계인들의 군상들
신호등 없는 어둠 속으로
별똥별이 된다

허덕거리던 등골
땀이 싸늘히 식으면
마음 둘 곳을 찾아
어둠을 덮고 두 발을 뻗는다

누구시오

여보게 그곳 날씨는 어떤가
저녁 노을이 무섭다며 서둘러 가더니만
뒤 좀 돌아보고 내 말 좀 듣게나

어느 산골에 사는 사자가
어두운 틈을 타 성큼 성큼 뒷산 넘어
찾아 와서는 문간방 문고리를
잡고 황혼을 찾는다
떨리는 몸을 숨기면서
허무만을 불러댄다
두려움 가득한 방문을 자꾸만 두드린다
기척이 없으면 그냥 돌아갈 법도 한데
어쩌자고 문 앞에서 두리번거리는가
누구시요?
어디서 왔소
난 그런 것 모르오 돌아가시오
구멍 난 문틈으로
또 다시 어스름 노을이 들고

한숨 소리만 가득하다.

눈물 이야기

천안함 말만 들어도 눈물이 난다
거대한 초계함이 두 동강 나다니
어찌 그럴 수가 있단 말인가! 어찌하여
기가 막히고 말이 막혀 눈물이 난다
국민들의 피땀이 고인 보석 같은
군함을 버리고 구명정을 타야하니 너무
나 안타까워 눈물이 맺힌다
어름 같은 바다 밑에서 죽음을 끼고
어떻게 지냈나 그 거칠어진 숨소리가
들려서 눈물이 난다
칠흑 같은 어둠속에서 탈출구를 찾고자
얼마나 바동댔을까 그 고통이 전해와
눈물이 난다
오열하는 어머니의 울음소리가
가슴을 쳐 흐느껴 오르는 눈물을 참지
못했다
영원으로 떠난 자식을 잡고 울어대는
엄마, 이럴 수가 있는가!

속으로 속으로 자지러지는
흐느낌 속에서 땅도 울고
아버지도 울고 딸들도 울고

“야” 이놈들아 누가 죽어서
오라고 했냐!
“야” 이놈들아 내 아들 살려내라!
엄마는 희망을 못 놓고 울며울며
태극기 끝자락 잡고 따라만 간다

“야” 이놈들아 어디로 간다고 이야기는
하고 가야지!

미친 척 웃어주자

겨울이 늦장 부리는 어스름한
골목길에서
찬바람에 여윈 비렁뱅이가 손을 벌린다
염치도 없는 거지들 따귀라도 치고 싶
지만 텅텅 빈 호주머니를 털어
몇 번이고 술을 사면서 타협을 청해 보
았지만 뻔뻔하게도 흔한 미소나 답도
주지 않으니
야속하지만 내가 먼저 손 내민다
출출해 보일 때 따끈한 소주 한 잔으로
달래지만 허기진 빈 집은 언제나 찬바
람이 분다
비바람 피하라고 처마 밑을 빌려 주기
도 했지만 남루한 너의 몰골은 언제나
나를 울린다
삶 그 자체는 야박 하기만하고
인생은 참으로 두려운 존재다
조금이라도 한 눈을 팔 때면

깊고 어두운 구렁텅이로 몰아넣는다
그러나
끈질긴 너를 위하여
때로는 광대가 되어 뛰어보고
거지 떼처럼 몰려오는 빚쟁이에게
미친 척 눈물 나도록 웃어 주자.

송년

느긋한 하루의 끝에서
연말이란 소리에 깜짝 놀란다
제 방구에 놀란 사슴처럼
앞으로만 뛰는 사람을 불러 세우고
복잡하고 혼란한 생활에 숨을 고르게
하는 지점
빨리도 왔다 빨리도 가는 무심 속
돌고 돌면서 개 꼬리만 잡은
실패의 종점

흔한 반성이나 결심 따위는
마음의 부담이고 그늘이다
지난 뉴스란 아무리 더듬지만
가족과 웃음이 있는 생활의 흐름 속에
낙엽처럼 두둥실 떠 밀렸다
다만 아픔이 있는 곳에
다가서지 못한 무심했던
그때 그 사람이

궁금하고 궁금하다

우는 소리도 더러는 했겠지
옳은 소리가 군소리 되고 미운 소리도
됐겠고,
벗들과 여유로운 술 한 잔으로
생활의 불쾌지수 사이사이
헐뜯는 소리도 섞여 있었겠지

섣달 그믐이 있다는 것
얼마나 다행인가
나비가 허물 벗듯
때 묻고 얼룩진 속과 겉을
벗는 지점이다
마음을 추슬러 그믐을 뛰어 넘어
쏟아지는 새 바람을 정면으로
부딪치고 가슴으로 안아야겠지.

엇박자

빛살 휘청거리며 힘없이 떨어지는 밤
불러도 돌아보지 않은 소외된 하얀 밤
속에서
향기 없이 피는 소중한 꽃들이 안개
속으로 피고 진다
어느 미친개가 물고 달아났다
오색 꿈을
무척이나 좋아했던 분홍빛 꽃은
왕벌이 가져갔다
다만 껄끄러운 껍데기만
밤이 다 타도록 앙상히 훑는다
골이 깊이 파인 주름 위로 검버섯 가득
바르고 나는 언제나 시간이 부족한 몽
롱한 수험생이다
한 쪽 눈으로는 TV속 애절한 젊은
사랑에 눈물 만들면서
눈을 떼지 못하는 애정 결핍증에 젖고
다른 쪽 눈은 신문 문화면 허구의 정글

속을 휘저 본다
혹 잡히는 송사리라도 있을까 하고
한 쪽 귀로는 칸초네의 애절한
마음속으로 걸어 들어간다
어쩌면 그렇게도 목이 긴 슬픔을
쏟아 내는지
독침처럼 온 몸으로 스며든다
습기 어린 음악이 가늘게 심해로
묻힐 때
구급차가 어느 죽음을 싣고
어둠 속으로 또 묻힌다

햇볕에 말라버린 자판기 땟국들의
그 고통 소리는
어느 쪽 밤 속으로 숨었나
나는 이 밤이 죽기 전에 삶의 독침을
아주 깊이 꽂는다.

은행지점장

은행이란 간판만 보이는 허름하게
주저앉은 양철통 집 드라브 웨이는 늙
어버린 노인들의 주름살
Open이란 네온의 귀퉁이가 깨진 체
O자는 보이지 않는다
언제나 가난한 이들이 모여드는
양철통 집
빨리도 돌아오는 집값 지불일
갚아도 갚아도 한 여름 오이 자라듯
커만 가는 카드 빚
줄줄이 차례를 기다리는 마음들에
찬바람 섞인 석양도 줄을 선다
평생을 빚 갚기에 급급한 길고
먼 줄 서기
언제나 모자라 달랑이는 숫자에 가슴
조이면서도
0자 하나 적어 넣지 못하는 못난이들
언제나 0자 하나 모자라 통장에 금이

가고
삶에 짐을 지운다 그래도
주고받는 편안한 마음으로 허름한 유리
문을 열었다

노랑머리로 한 쪽 눈을 가린
젊은 지점장이
표백한 이로 반갑게 웃어 준다
무엇이 반가웠을까
봄꽃 같은 연꽃이 그 속에 피어있다
넓은 책상에는 컴퓨터와 예쁘게 수놓은
마우스 패드 하나
여인은 부드러운 그리움이 꽤나 많다

이름조차 잃은 멀어진 그날 그 속을
일상 속에 묻고 사는 허전함
나무라도 끌어안고 싶은 홀홀한
마음이다

정체불명의 질투가 어리둥절 하게했다
신선한 오산에
봄기운은 이미 선물 같이 왔다.

늙기도 서러운데

중앙 좌석에서 밀리고 밀려서
뒤쪽 구석진 좌석 끝까지 떠 밀렸다

어르신 제 아들 자린데요.

엉거주춤 끼어 앉아
저 앞 높다랗게 매달린
흉한 죽음과 눈을 맞춘다
허무하다고 억울하다고
소외된다고 중얼거린다

그 주검 밑에서 기복 송은 요란하고

보기 흉한가
이리 밀리고 저리 떠밀리고
존재가 희석 해지고 있다

그래 살 맛 나나?

글쎄,

아직 욕심도 용기도 있는데
주름살 속에는…

제3부

상심

뉴욕 에비뉴 돌다리

서울 염천교 같은 구름다리가
뉴욕 애비뉴에도 있다
그것을 의지한 소외된 도시의
젖은 그림자가 있다

숱한 세월이 머물며
지나간 자죽이
돌다리에 덕지덕지하고
시간이 버리고 간 서러운 걸인이 있다
터덜 터덜 발걸음에
회색 시련들이 홀로 선 나무에 엉기고
도시의 비탈에 서서
온갖 서러움만 뒤집어쓰고 있다

모진 삶을 버리지 못하는 사람들이
오뉴월 햇볕이 비비는
무심한 돌다리 밑으로 모여든다
어제 한 사람 오늘은 두 사람

내일은 누구일까

걸인들의 찢어진 소매 사이로
빌딩에서 버린
구린내 묻은
먼지들이 기어든다.

그믐날

그믐에서
새 해로 넘어가는
길고 험한 일 년이
쉽게도 슬그머니 넘어 간다
칠십 년을 순간처럼 보내고
오랜만에 나 자신으로 돌아 왔다
자신에게 눈물이 될지 알면서도
밖으로만 나돌며
거렁뱅이로 고통스레 쏘다녔다

한 집에 살면서도
나그네로 떠돌다
지친 몸으로
진정한 나를 찾아왔다
마주 앉고 보니 할 말은 많은데
눈물이 젖어 들었다

공원

벗꽃이 만발한 공원에
숭어 같은 하얀 다리 드러내놓고
봄볕을 바르고 있는 여인이 있다

꽃 숲이 무안하게
또 한 송이 아름다운 사랑을
피우고 있다
연못 건너편 노년의 신사는
고된 시련들로 튀어 나온
커다란 배를 안고
싱그럽던 젊은 추억을 열심히
찍고 있다
꽃보다 아름다운 희멀건 다리를
벗꽃가지 사이로 훔쳐보며
저런 젊은 날이 있었나 생각한다
고속으로 돌아가는 기어 소리도 없고
모두들 느리게 느리게 걸어보는 공원길
다시 올 리 없는

사랑이 익어 가는 계절
노인이 벚꽃을 바라보고 있다

그 집

가다 보면 얼마간 가다 보면
길 우측으로 뾰족당이 있다
모여 앉아 각기 다른 모양을 들고
대화하는 집
고달픔 많은 자들이 위로가 필요할 때
무엇이던 용서한다는
그 집을 찾아 간다
까마귀 앉아 울어대는 형틀 아래
간절한 소리로 채워도 좋은 집
패한 자도 웃음소리로
써늘한 어둠 구석을 밝히는 하얀
마음이 있다
들꽃 잎이 바람에 날려도 받아주지
못하는 인색한 야윈 손이 되어 죄송하
다고 얼버무려도 침묵으로 답하는 빨간
카펫이 있는 집
거친 자갈밭에 몰래 눈물 묻히는 유일
한 집이라

침묵 속에 고여 있는 밀어들 옆에 누워
미안 하다고 늦도록 바라보며
중얼거리면 매캐한 연기 자욱이 밴 듯
우단 감촉 같은 음성이 들린다
허구한 날 스스럼없이 떼를 쓰다
돌아 나오다 보면
싱그러운 오후가 십자 탑에 걸려있고
후련함이 모서리에 싸하게
감길 때가 있다

위안

인심이 아주 거칠어졌다

시절도 조금은 없는 이들의
마음 좀 드려다 보았으면 좋겠는데
어쩌자는 것일까

천리 길로 멀어진 시장 길
무섭게 뚝 뚝 떨어지는 집값소리
밤 낮으로 오르고 올라가는 기름 값
덩달아 혈압도 오른다
어디까지인가
마음이 타고 하루 하루가 탄다

힘겨운 오늘을 건너뛰는 건널목
애기 울음소리가 들리는 곳
그곳이 있다
울음소리에 희망이 섞이고
웃음 속에 세상을 이길 수 있는

편안이 있다
꼭 움킨 조막손에는
비단결 안식이 있다.

축복

이민 보따리 달랑 두 개
하나는 생활의 전부를 구겨 넣고
또 하나는 내 맘과 용기를 집어 넣고
믿음 하나로 왔다

살 집을 짓는 간절한 소망
숟가락 두 개 놓을 수 있는
식탁이면 족했다
총구 앞에서 가슴 잡고 산 긴 세월
콩알만한 생명이 오가고
집을 나설 때 오장(臟)은
두고 나왔지만
몸 보다 마음이 아파 입술을 깨물 때면
하루 이십오시를 위로인양
질곡의 바다를 건넜다
어쩔 수 없이 지옥의 땅을 밟으면서
휘청거릴 때
두 보따리에 담을 수 없는

산 같이 많은 것을 보태 주셨다

쌓이는 고통과 덧나는 상처 속으로
눈물이 흐를 때면
짐을 덜어 주시고 대신 져 주시고

굳세던 삶에 구멍이 나고
가을바람이 인다
멍에를 벗고 찾아 갈 곳은
언제나 두 팔 벌리는 그 님 뿐이다.

삼각지에서 있었던 일

마지막이 아니라고 다짐하면서
커다란 아쉬움을 모두 안고
개운치 않은 무거운 마음으로
다방을 나섰던 것이다

그립다는 조각들이 서성이는 그 곳엔
흔적도 없이 가슴 메이는 모습들
비발디의 봄 이야기는 안개처럼
자옥한데
돌아서 가는 삼각지에는 건물도 차도
세월만큼 무성이 자라있다
많이 본 듯 낯 익은 사람들은 분초의
급류를 탄다
아직도 마지막 끝에 앉아 있는
그 사람이 있고
먼 세상 끝에서 못내 죄스런 마음이
자리에 앉지 못한다
그녀가 상처 될까

따듯한 흙 같은 가슴을 적실까
가슴에 끼고 간 남았던 말 꺼내지도 못
하고 돌아섰다

줄줄이 새는 그 모습이
참꽃이 피면 뻐꾸기 울 듯
침묵 속에서 봄꽃처럼 홍역을 앓는다
저쪽 삼각지에,
포토맥 강 이쪽에, 둘만 남기고
모두들 과속으로 돌아들 가고
삼각지엔 그리운 상처가 봄비에 젖고
있다

상심(傷心)

차창에 낙엽들이 수없이 부딪친다
그 많은 저항들에 브레이크를 밟을 수
없는 무심한 저항이 또 있다
자살 폭탄 그 속마음에 숨긴 것은
무엇일까
무엇이 그리 억울하기에 삭이지 못하고
육신을 죽이고 영혼을 울리나
너를 위하여 울어 줄 수 없는
세상 인심을
속으로 나무래 본다

십자매

엉성한 조롱 속에 십자매
한 쌍이 갇혔다
짙은 하늘 냄새 상큼한 풀냄새에
젖을 때 시장 바닥의 비린내 걸려
빙빙 돌고
하늘도 빙빙 돌아 술 내음에 채여
넘어지곤 했다

홀로 날다 지쳐 넘어져
상처 난 마음을 어루만지는 손길
부러지는 삶에 붕대를 동여매 주고
절룩이는 몸을 부추기는 기둥을 찾아
십자매는 우리를 만들었다

조롱은 십자매가 만들어 가는
긴긴 세상
목이 매여 끌려가는 그 삶에 중심
눈물 속에서도 피는 얼룩지는 사랑

때 묻은 쓰디쓴 옷
풀 먹은 올선 베옷
함께 가야하는 긴 동굴이다
창살 밖은 넓은 바람들이 사는 곳
언제나
이상한 냄새가 사는 곳
그러나 조롱 속은 때때로 서로 기대면
바람도 자는 곳이다.

어느 후일에는

빨간 히아신스 너를 사랑 하나보다
엷은 마음에 상처를 내고 있다
짙푸른 우수에 저린 눈물
두 손에 묻힌 것뿐
새콤한 입술에 영혼이 젖었나
젖가슴에 고인 침묵의 소리 들었지만
신비로운 내면을 드려다 보아도
보이는 것 없는 너
그러면 무엇을 사랑했단 말인가
저 공간을, 시간들을
사랑했다는 것인가
동으로 서로 옮겨 앉은 오늘도
허공 속 멀리에서
실 끝에 매달려 끈적이는 체취가
길게 길게 늘어지고 있다
언젠가는 바람에 스치고 스치면
그마저 여위져 끊기고,
매달렸던 안타까운 만남들도

바람 속으로 사라져 없어지겠지
어느 후일에는

우울한 봄

저 포토맥 강 건너
뾰족 탑은 무엇을 살피려고
길게 목을 빼고 서 있나
좌우론 하얀 무덤처럼 웅크리고
앉아있는 언덕 위 큰 집
왈가왈부 국회의사당
멀리 빠끔히 보이는 하얀 조롱 백악관
바로 앞에는 스타워즈
펜타곤이 숨어있다

조용한 봄빛아래 졸고 있는 무덤들의
졸음을 깨울까
포토맥 강물도 조용히 조용히 흐른다

저 멀리 하얀 언덕 막막히
보이지 않는다
오각형 돌집은 조용하기만 한데
오늘은 어느 곳에서 벌집을

쑤시고 다닐까
백악관 주인은 바쁜 것인가
낮잠을 자는 것인가
끝없이 늘어선 아우성들
뜨락에 산더미 같이 쌓인 잡초들…
누가 이 흉가를 만들었나
봄은 울고 있다

동전만한 봄빛도 보이지 않으니
발 동동 구르는 사람들은
그래서 슬프다

지나가는 길입니다

지나다 잠시 들린 것입니다
혹시나 있을까 하고
그 집 앞을 지나는 골목 길

버려진 차 한 대를
진눈깨비가 흔들며
달아난 혼을 찾습니다
세상 시름 혼자 짊어진
때 묻은 혼 하나가
얼음 깔린 길 따라 저녁 그림자를
밟습니다
떠밀려진 이방인이 되었지만
싸들고 놓지 못하는 손을 펴봅니다
갈바람에 나무들이 잎들을 놓아 주듯
땀이 밴 세상의 숫한 마음들을
내려놓고
홀가분한 여백으로 그 끝에 서서
돌아오는 식구들의 긴 이야기를

기다립니다
노을도 없는 저녁
가로등 불빛이 엷기만 합니다.

병원 대기실

벽에 걸린 커다란 유화 속에서 파도가
쏟아진다 파도 속에서는 송사리들의
울음소리가 들린다
드볼작의 아메리카 현악중주곡이
우울한 마음들을 잔잔히 울리고
하루하루 풀이 자라 오르듯
음악이 풍성한 숲으로 이루어지면
병원을 찾아오는 마음들 잠잠히 위로가
되겠다

절인 배추처럼 축 쳐진 입들이
심해 끝까지 잠겨 있다
보조개 예쁜 소녀는 어디가
아파서 왔을까
맑은 음악소리 마시고
피라미처럼 팔팔뛰어 나갔으면 좋겠다

MRI 사진을 찍으려고

하얀 까운 뒤 따라가는 아내
뒷모습이 눈물처럼 쓸쓸했다

아픔이 전이되어 으스스한 대기실
언제나 만원이다

제4부

자화상

말뚝

먹구름이 떼로 몰려다니면서
심술궂게 쏴- 소나기를 뿌린다
천둥소리에 놀란 나는 이방
저방으로 뛰고
바람소리에 놀란 창틀들은
쉬웅 쉬웅 울고
열린 차창으로 몰려 들어가
내부를 흥건하게 차지했다
정성들인 고추나무
의지 없어 멍청이 바람맞고
한창 희망으로 꽃을 피우던
자양화를 꺾어 놓고는
연민의 정도 없이 건너 마을로
미친년처럼 뛰어 간다

먹구름이 지난 어지러운 뒷골목에
숨었던 얼굴들이 조금씩 나타난다

한여름 망나니에게 예나 지금이나
힘없이 당하고만 있다
나는 지금
실성한 바람들이 쓰러트린 의지에
말뚝을 박는다
바람 속으로 말뚝을 박는다.

화풀이

화가 나면
베개를 던져라 깨지는 것 없다
그래도 화가 나면
접시를 집어 던져라
더러는 깨어지지 않는다
그래도 화가 안 풀리면
강아지를 처다 보아라
어떻게 살아가는지

창문을 열어라
저 달이 놀래도록
소리쳐라 모든 것 토해내라

마음 한 구석이 뚫린
공허 해진 울안에
포자는 싹이 튼다

못난이

그립다 못해 뛰어가는 길고 먼 상념
부끄럽고 두려운 한여름 밤을
두고두고 회한에 잠긴다

어쩌면 저 멀리 떠내려간 빗물인줄
알면서도 빗물이 남기고 간 수 없이
많은 물방울 속으로 빠져들어간다

오뉴월 뜨거운 햇볕들이 많이도 흘러갔
는데 흑점처럼 남아있는 마음의 생채기
는 왜 아직도 남아 있는가

여름밤이 흐르는 갓길에
흘러 보내지 못하는 그리움과
빗방울처럼 명멸하는 밀어들,
푸른 하늘을 날 수 있는 부푼 가슴도
있었다

절망처럼 쏟아지는 태풍 해나 속에서
숱한 추억을 맞는다

그 사랑을 놔주지 못하는 마음으로…

무좀

발가락 사이 병이 들고부터
옆 발가락은 다투어 멀리 한다

수시로 닥치는 고통
혼자서 부딪치고 깨지며
더욱 쇠잔 해진다
눈총을 피하는 눈물은
아픔을 달래지 못한다
소외되는 어두운 거리에서
손짓하는 발가락이지만
전염될까 밀쳐내는 또 다른
고통이 있다

찔리면 똑 같은 피로 서로 응고 된다
발이 움직이면 함께 움직여야 하고
뛰어도 같이 절룩인다
무좀이 집안의 감기처럼 번지기 전
그 아픔을 조금은 나누어 지자

햇빛 속으로 꺼내어
뜨거운 모래사장 자갈밭을 같이 뛰자
집으로 돌아 올 때는 거짓말처럼
앓고 있는 마음들이 훨씬 부드러워진다

버지니아 텍

왜 죽였나
왜 죽었나
전시도 아니고 평화 시기에
꿈이 피는 4월
희망 부푼 교정에
어쩌자고 피를 뿌리고
분노의 강을 만들었나
넓은 세상살이 많은 사람들
속에서 즐겁게 어울리지 못하고
무엇이 그리도 죽음보다 더한
두려움이 있었단 말인가
경고음을 듣지 못한 나도 너도
용서를 하자

벼락같은 죽음에 싸여
어디론가 사라져버린 숭어들
그 별빛 눈들은 어디로 갔을까
부모의 가슴을 갈갈이 찢고

생때같은 자식은 말도 없이
어디로 갔나
시간의 틈새로 아른거리는 모습
가슴에 묻고 평생
죽음의 언저리를 헤매며
엄마는 어이 살까

봄비에 흠뻑 젖은 목련 꽃
빗물인가 눈물인가 자꾸만
흐르고 있다.

부부 클리닉(clinic)

토라진 아내를 달래 보려고
장미 한 송이 들고 마음 두근거린다
위로가 될까 기대하면서
문을 들어섰다
들려오는 기도소리에
서러움이 축축이 젖어있었다

미숙한 영어로 비벼대며 살자니
가슴에는 언제나 못이 박힌다
긴 밤이 다하도록 소복이
쌓였던 앙금이
흔적도 없이 녹아 없어졌으니
삶이 비바람에 휘청거린다
무거운 칠흑의 밤 안개가 걷히듯
언젠가는 신선한 바람이 정녕코
오겠지만 긴 겨울을 무사히 건너온 삶
의 줄기에 피할 수 없는 겨울비가 뼈
속으로 스민다

사랑이란 사치가 울먹이는 허망을
어루만져 줄까
금이 간 억척같은 마음에
붕대를 감습니다

*clinic(진료소)

사람을 찾습니다

전당포가 곁에 있으면
뚫리는 일상을 메우기가 수월하겠는데

언제나 혼자서 하루를 넘기자니
마음이 한 뼘씩 타 들어 간다
어쩌다 성원이 된 식탁에서
독방을 달라는 딸년에게도
거짓말을 했다

먹구름 속으로 천둥이 숨어 다니지만
울지 못해 먹구름은 아프다
누가 보증금 문서 잡아 줄 사람 없을까
삶의 빨대를 모두 잃고
시커멓게 탄 마음만 남았다

차 등록증을 잡을 사람 없을까
손때 묻은 식탁 위 웃음들이
유리알 되어 미련도 버려야 하는가

아무 눈길들 없는 뒷전
혼자 꾸역꾸역 밥을 먹지만
동전만한 별빛도
보이지 않는다.

손님

여인의 버선코에 엷은
연두 물이 묻었다
치렁치렁한 치마 벗어 놓고
먼 길 돌아 하얀 다리로 왔다
사뿐 사뿐 버선발 걸음에
사푼 거리는 이슬비에 젖으며 왔다
깜깜 했던 여인의 소식 가지고 왔나
홍시 속살 같은 그 여인을 데리고 왔나
종일 기다리다 나른한 몸으로
잠깐 조는 사이
여인은 말간 연지를 바르고
자주 빛 목련아래서
비를 맞으며 기다리고 있다
한 발 먼저 왔는가
한 발 늦었는가
귀한 손님 비에 젖는다.

슬픈 역사

그날 밤은 차가운 겨울비가
치근대는 아이처럼 오다 말다 했다
밤늦은 상점들의 불빛이 빗물에 젖어
썰렁한 마음속으로 스며들었다
모두들 축축이 젖은 밤 속으로 사라졌
지만 비를 피해, 아니 아픔을 피해 밤
을 지키고 있는 그때
여인이 미소를 띠우며
우산을 받쳐주었다
서로의 어깨가 부딪칠 때 마다
우울한 맘을 어루만져 주었다
생선 뼈다귀 같은 앙상한 빈 가슴에
아주 작은 만남이었다
홀로 떨어져 나온 운석처럼
찬비에 젖을 때
모처럼 만난 인연이라면
긴 이야기를 이어 갈 수 있다면
얼마나 좋을까

이별이 저만치에서 기다리고 있겠지만,

절반으로 꺾여 들어가는 불안한
은퇴연금 조금은 잊을 수가 있었는데
귀한 인연 함께 할 수 있는 작은 공간
에 찬비가 내렸다
그리고
빈 하늘에 홀로 남았다
여인이 귀국한다는 그날도 궂은 비가
오락가락 했다
정말로 반복되면 안 될 원화 폭락으로
그녀는 떠났고
나는 슬픈 역사로 남았다

양심

별빛도 없는 황량한 밤
은신 할 곳 없어
좌불안석(坐不安席) 할 때
상수리나무에 걸린 커다란 눈 하나가
강한 눈빛으로 바라보고 있다
그 눈은 아버지 눈이었다
까만 내 눈도 그 눈을 바라보았다
그리고
영롱한 그 눈빛 속으로 빨려들었다
발버둥 쳤지만 가위가 눌리곤 했다
도망치려 해도 발걸음이 떼어지질
않았다

세상이 모르도록 캄캄하게 숨었지만
그 눈빛은 나를 찾아냈다
뻘건 대 낮에도 부릅뜬 눈이
마음 속에서 마음을 바라보고 있다.

이 가을에는

"수" 아파하지 말아요
어수선한 마음속이 썰렁 해지니
나도 환자가 되었소
머지않아 잎들도 아프다는 말하기 전에
서리 발이 그대의 가슴을 두들기면
멀리 금을 긋고 간 정들이 돋아나겠지

고물가에 허리가 휘도록
신음하던 긴 여름 계곡

상한 마음을 달랠 길 없으면
단풍 열차를 타고
가을 속으로 들어가요
그곳에는 많은 그리움들이
단풍처럼 곱게 물들어 있고
목이 빠지도록 기다려 준
긴 여운도 있으니
삶들이 조금은 위로가 되겠지요

더러는
음악회라도 들러
그 선율 속으로 잦아들어
상처 난 시간을 어루만져 보세요

휑히 뚫린 가슴에
가을바람이 지나가고 나면
조금은 위로가 될 거요.

인내(忍耐)

목련 꽃이여
화풀이라도 하려면
울퉁불퉁한 봄바람에
욕을 퍼 부어라
그래도 시원찮으면
꽃눈을 감아버리고
잎만 삔쳐 보아라
얼음 같은 봄비가 나리면
죽은 체 수그리고 온 몸으로 아득 아득
버티라
혹 햇빛이 속이더라도 우물쭈물 말고
라일락이 삐죽삐죽 거릴 때
실눈을 뜨면 좋겠다

딱딱한 삶에 생생한 꽃이
피는 봄빛은 내년도 후년에도
돌고 돌아서 오지만…

자화상

요즈음 거울에는
흉한 모습이 자주 나타난다
세상 그렇게도 못 생긴 모습이 있던가
오랜 세월 분노로 침전된 무게가
담장 호박 매달리듯
근육이 축 처져 있다
빈 이빨 사이로
오므린 말들이 빠져 잔소리가 되고
아내의 이름도 깜박인다
다만 가끔 생각나는 것은
비 오는 날 우산 받쳐준 그 사람이다

지난날의 잘못들이
구김살로 쌓인 얼굴을
조석기도 하듯 세수를 한다
아침 세수는
밤 내내 잡념으로 오염된 마음을
말끔히 닦아 새롭게 세상을 대면하려고

정성으로 씻어
곱고 젊은 가면을 쓴다

저녁이면 또 세수를 한다
종일 주고받던 느끼한 기분을 씻는다
죽어버린 그 하루를 헹구면서
또 하나 늘어난 주름살을 세어 본다
수 없이 늘어만 가는 검버섯
닦아내고 쓸어내고
채우지 못해 자주 덧나는
검어 죽죽한 속 얼굴을
씻어내도 남는 것은 흉측한
자화상뿐이다
오늘도 수없이 중얼대는 반성문 속에
감사를 끼운다.

빈집

나무 널빤지로 만든 화단
울타리가 한쪽이 뽑혀 넘어져 있다
오래오래 살 곳이라고
손에 물집이 잡히도록
망치질을 했다

비바람이 깨진 유리창을
두들길 때면 심난해진 마음에
비닐 막을 친다
휘젓고 간 화단에는
여인이 남긴 한줌 흙 같은
그리움이 서려있고
불빛도 없는 창가에
그 사람이 어른거린다

그 빈집엔
젖은 어둠이 잠겨있다

체증(滯症)

한 여름 밤
오이서리 했다고
혼자서 덤터기 쓴 억울한 밤
무척 비싼 값 꺼낸 아버지
말없이 덮어버린 그 찝찔한 맛
따귀라도 때렸으면
보석이 될 것인데…

소화 안 된 그 오이가
아직도 마음속에 걸려 있다.

피난처

겨울은 바깥 몸이 춥고
봄은 마음속이 춥다

설익은 봄이 수선화 새싹을 밟고 서서
목련 꽃잎에 가혹한 상처를 입히니
동백꽃이 기절을 한다

건널목에서 신호를 기다리는 시간
승강기 안에서 방향을 잊은 채
멍하니 움직이길 기다리는 그 순간,
화장실에서 줄 서는 시간들,
자투리 그 순간도 얼마나 아까웠는데
엄청난 실업의 천지가
봄철 꿈나무들에게
잔인한 분노를 안기고 있다

아침마다 뻐스에 붐비는 살아남은 이들
손가방마다 무거운 하루의 일거리

고맙고 부럽다

바늘구멍보다 더 작은 내일의
희망이지만
고통을 삭인 조개는 진주를 만들 듯이
어제를 미련 없이 묻어 버리고
내일을 힘껏 두드리자

강물에 실려 떠내려가는 나뭇잎 되어
저녁 바다로 흘러들기 전에
피난처 하나씩 갖고 살자.

제5부

봄과 여름 사이

그곳에 가면

외로운 시름이 깊은 사람은
파도가 울어대는 겨울 바다로
가 보십시오
그 곳에 가면 파도소리 가득한
해변이 있고 바다 새들의
살아가는 고달픈 사연을
모래톱에 새겨 가고 있습니다.
길길이 날뛰는 파도사이로
바람의 하얀 뼈들이
거품을 물고 울어대고
서러움이 쌓인 여인이 아픔을 물고
파도의 모서리를 밟고 있습니다

겨울 바다를 찾아 토해 버리는
아픔들이 물길 따라 출렁입니다
갈매기 죽지에, 젖은 눈까풀에,
비스듬히 누운 석양의
위로가 있습니다.

회상

가로수 연둣빛으로 태어날 때
많은 젊음들 속에서 우리는 만났다
그리고 가로등 불빛 속에서
서로를 확인 했고
마냥 걸었다 서울역 쪽으로
그리고 그녀는 한강을 건넜고
나는 바다를 건넜다

가로등 밑에 홀로 있는 그녀가 보인다
까만 눈 속에서 그녀가 기어 나왔고
잔잔히 떠도는 내음이 정착을 못했다
노을이 어스름 지는
허전하고 흐뭇한 지금
그 때 그 설레움이 서리되어
걸음마다 깨어진다.

그것은
그녀를 훔쳐보고 있기 때문일까.

그날 그 후

운명과 같이 건겠다고 하면서
자애가 있기를 간절히 바랬다
지난 생애의 모든 시련들이
심판 도마 위에 눕게 되는 것이다

마취실에는 사자들이 하나같이
마스크를 하고 맞아들이고 있다
갈 때도 알몸으로 간다 했다
옷을 홀딱 벗겼다
마음도 끝인 양 체념으로 비우고
처음 그대로 누워 있는데 종말이
가까워졌는지
바삐 서두는 손들, 손들이다
옛날 할머니가 그렇게 가듯
각종 전기 줄이 몸을 똘똘 묶는다
모니터 속에는 파란 불빛이 숨긴 숱한
이유들이 담겨 있을 것이다
모두 한쪽으로만 몰려가고 있는

많은 곡선 신비 아니면 비밀이
있을 텐데 어떤 말을 할까

모든 것을 비우고 편안이 누워서
이것이 안락사라는 것이구나
췌장암으로 세상 고통을 홀로 짊어지고
많은 사람을 울리고 간 그 친구에게
알려 주었으면 얼마나 좋았을까

병자 성사도 없이 영영 깨어나지
않으면 어떻게 할까
오직 집을 잃은 슬픈 영혼만이
모니터 속 파란 불빛으로 떠 돌 것이다
슬픈 마음으로 장기 기증을 약속
했지만 기쁜 마음으로 세상을 바라볼
수 있겠다

좋은 사람만 보며 아름다운
일만 볼 것이다
이어지는 운명이 있다고
지나는 사람마다 귓속말 해 주리라

꽃잎도 죽는구나

꽃잎은 차다
바람에 흔들리며

한동안 따스한 인심으로
선한 척 미소를 던지니
동백은 찬바람을 비집고
목련은 질세라 문을 열고
뜰로 나서는 마음도 봄빛에 흔들린다

누구라도 그 무엇이라도
눈물겹도록 사랑을 하고 싶다

선한 유혹은 밤을 건너지 못하고
추적 추적 내린 밤비에
허탈한 죽음이 걸려있다
빼앗긴 기대와 꽃잎은
화해하지 않고 죽음으로 갔다
너에게도 나에게도

또 다른 봄날을 기다린다는 것이
얼마나 힘드는가

죽음보다 더 무섭다는 것을
남기고…

추상화

나 아직도 후회하고 있는 걸까

깊숙한 가을 단풍이
시절의 끝인 양 수북이 쌓인 차도에
음산한 비가 저녁을 알릴 때
차 안은 훈훈했고
서로의 바람은 따뜻했다

두근거리는 마음이 빗나갔는지
그 바람 부는 저녁 길은 오지 않았다

비에 젖은 단풍잎처럼
싸늘히 식어 가는 그 마음을
꼭 안아 주지 못했다
버린 행복을 주워 갖는 행운도
있으련만 수심이 복잡하게
고여 있는 추상화처럼
그 마음속을 해석하지 못했다

봄의 끝을 알리는 비가
무덤가에 핀 하얀 벚꽃을
추적추적 적시며
꽃잎을 떨군다.

벤치의 계절

트윈 레익 10번 홀
상수리나무 밑에 나무 벤치가 있다

반환점 선수들 지친 몸과 마음
잠깐 쉬면서 빵 한입
물 한 모금으로 투덜대며 간다
까마귀 한 쌍 지친 죽지 접고
쉬었다 간다
산비둘기도 우르르 몰려와 졸다 간다
산새들도 몰려와 심술궂게
똥 발라 놓고 간다
봄이면 참새들 짝 짓고 미련 없이 신행
을 떠나고 여름 되면 소낙비가 버리고
간 밀어들을 쓸어내고 간다
가을이면 단풍잎 하나
멀고 먼 황천길 쉬었다 간다
겨울이 되면 눈이 내려와 깊은
잠을 자고 간다

바삐 지나가는 구름 사이로
잠 못 이루는 달빛도 왔다 간다

모두가 빈손으로 들렀다 가는 벤치
언제나 비어 있는 그 벤치는
썰렁한 바람 차지
텅 비어가는 벌판에 목을 길게 뺀
어스름 저녁도 쉬어 가겠단다

가끔은
깊이 젖은 내 마음 걸쳐 놓을
그 벤치에
어둠이 내린다.

봄과 여름 사이

흙이 숨을 시작하고
여인의 부드러운 미소가 솜털을
핥으면 침침한 구석에도 볕이 든다

노인은 푸르게 물든 마음으로
호미를 든다
버리지 못하고 가져다 준 고추,
오이 모종 역시 버리지 못하는 여린
마음이다
부풀은 기대로 파고 고르고 거름과
마음을 잘 버무렸다
정직한 대지는 생명을 만들어
흙덩이를 뚫고 바람 부는
세상으로 밀어 올렸다
노인은 바람의 모퉁이에서
바람을 맞으며 물을 날랐다
긴 호흡을 토하며
비료를 뿌리며 무심히 지나가는

구름도 본다
노인은 맨발이 되어 사다리를
만들고 말뚝을 꽂고 세월을 얽어맨다
순박한 새순들 태양을 연모하며
유혹하다 바람의 아들을 만들었다
대견하게 고추는 어린애 고추만 하게
오이는 어른 고추만 하게 만들어 냈다

비가 후닥닥 소리치는 날
노인은 미소와 고추 하나,
오이 하나 들고
문 안으로 들어섰다

비 오는 날의 부르스

도둑고양이 걸음으로 안개비가 옵니다
바래가는 먼먼 이야기처럼 비가 옵니다
외로움도 아니오 사랑도 아닌
마음 구석에도 그 비가 옵니다
아직도 젖어있는 풀잎 길에
이끼 낀 옛날을 적시듯 속옷이
젖어 듭니다

가슴을 가르고 힘든 사연을 꺼낼 때
엷게 번지는 눈물을 보았습니다
침침한 선술집 구석에서도
애련한 사랑이 피고
흐르지 못하고 고여 있는 아픔들이
도라무깡 화덕에서 눈물 되어 타고
있었습니다

멀리멀리 너무 먼 곳에도
도둑고양이처럼 비가 나립니다

울먹이는 반주가,
그 시 한 구절이 비에 젖고 있습니다
갈 곳 없다고 길게 길게 두 번 세 번
읊던 그 진달래가 그리운 목 소리되어
가만 가만 마음에 젖습니다

*반주가(飯酒歌)

노부부

허리 굽은
시절이 걸어간다
그 뒤 낙엽이 따라 가고
바람도 앞서거니 뒤서거니
따라 간다
노부부도 서릿발에 바람 지고
터벅터벅 댄다
메마른 가슴 여미며
천천히 세월 뒤로 처진다
세상이 무척이나 무거운 모양이다
남편 소매 잡고 끌려가면서
숨이 차도 그 모습 그 대로 걷는다

저 뒤 자전거 탄 사람
숭어 같은 여인도 길 위에서 뛴다.

강아지가 앞장서서
세월을 끌고 간다.

시를 그린다

나는 시를 사랑한다
마음이 뒤숭숭 할 때면
울적한 시를 그린다
멀리 달아난 그리움을 그린다
억울한 아픔도 그리고
따듯한 눈물도 오래도록 그린다
잊었던 허무에 빠져 허우적이며
뭉크의 절규를 사랑한다

나는 시를 미워한다
아무리 보아도 밉다
볼수록 그렇게 못 생길 수가 없다
일그러진 소녀의 입은 다물고 있다
눈을 감아도
시 속에서 기어 나오는 불만이 있지만
어느새 애증이 배어든 못난 놈을
가슴 가득 안고 뒹군다

그녀가 떠난 자리

눈 녹은 차디찬 강물
피 멍든 아픈 눈물
배 안에 가득 담고 힘껏 떠밀었다
그리고
떨리는 손으로 떨리는 가슴을 가렸다

좀 부드럽게 물살도 남기지 말고
떠나야지 네가 없는 정원
슬픈 라일락 향기
나를 감고 집안을 감돈다

배가 떠난 빈자리에 흉터는 지워지지
않고 빈틈을 비집고 다시 끼어드는
눈물 실은 배
또 하나의 눈물을 만들고

모든 것 잊을 힘이 없구나
눈을 감으면 잊어질까

상흔

가슴에 암처럼 숨어 있던 불씨
여린 마음을 울리고 눈물은
계절풍에 실려 이리 저리 떠다니다가
비 젖은 낙엽이 된다
끈질끈질한 아쉬움 남아 있었던가
오늘따라 그 병이 도졌다

일에 쫓겨서인지 살기에 몰려서인지
사슴처럼 삶에 놀라 달리기만 했나보다
창밖에 뿌려지는 소슬비에
가슴이 젖는다
하나씩 잃어가는 외로운 시간
남 몰래 오래오래 지워지지 않고
위로가 되어 주는 상처 딱지

옷 깃 스치듯 스친 인연인데
눈치 보며 궁금해 할까
지금 어느 곳에 살고 있을까

가끔은 그리움 같은 것이
싸 하게 스친다

도지는 단골 병, 미움 바치는 병
치유 안 되는 병이다.

포어클로져(Foreclosure)

나무들이 토해낸 붉은 눈물들
고여 있는 도시를 찾아간다
오래 전부터 보아 온 햇빛 젖은 잎들
그 도시에선 여전히 고장 난 삶을 잡고
엎치락뒤치락 한다

불볕 뜨거운
숨 막히는 여름을 지나며
찢기우고 벌레 먹어 구멍 난 삶
무서운 한 시절의 끝에서
상처 깊숙이 서러운 바람만 파고든다

집에서 쫓겨난 잎들
내 죄냐 누구의 원죄이냐
피 멍 든 잎들의 도시
발길에 차이는 것이
어찌 낙엽뿐이랴.

바람이 흔드는 나무

그렇게 버릴 것이라면
그 긴 사연을 애지중지 품었는가
죽어도 아니 놓겠다던 잎들을
이 바람 저 바람에 실려
허공 밖으로 버리는 마음은
얼마나 아플까
바람마저 버리면 허공에 홀로 남아
날다가 차이고 밟혀 텅 빈 백골 속으로
다시 돌고 돌아 가겠지…

벌레 먹은 낙엽 사이로 바람이
우르르 들어 닥치면 숨진 자들의
영혼도 날아간다
바람이 데려가는 곳은 어디인가
주막은 있는가

손 때 묻은 시련들이 따라 오지 못하는
깊은 위로는 있는가

강정처럼 비어가는 허공 속 길 가에
구부정히 서서 슬픔에 흔들리는 나무

황혼의 길목에서 부르는 사랑 노래

김봉진(문학박사, 문학평론가)

이천우 시인의 시집 《봄과 여름 사이》에는 총 74편의 시가 실려 있다. 이 시집에 실려 있는 시들을 읽어보면 전체적으로 타향에서 살아가는 이방인이 삶의 과정에서 느꼈던 여러 가지 감회를 그리고 있다.

이 시집에 실린 시들을 관통하고 있는 시인의 시 정신을 한 마디로 요약한다면 그리움과 사랑이라고 할 수 있다. 이 그리움과 사랑 속에 담겨있는 시인의 시 정신은 시의 소재에 따라 다양한 모습으로 나타난다.

첫 번째로 드러나는 것은 추억으로 제시되는 그리움이다. 그 그리움 속에는 두고 온 고향 풍경과 어린 시절의 추억에 대한 것도 있지만, 대부분 사랑하던 사람에 대한 그리움을 나타내고 있다.

먼저 어린 시절의 추억은 젊은 나이에 돌아가신 어머니와 떠나온 고향땅의 풍경으로 제시된다. 특히 젊은 나이로 돌아가신 어머니를 떠올리면서 어머니 제삿날에 어머니를 그리며 쓴 시 <어머니 기일(忌日)>에서는 이 시인과 같은 또래의 사람들이 한번쯤은 겪어보았던 경험을 오롯이 잘 그려내 보여주고 있다.

이불 뒤집어쓰고/ 등잔불 밑에 숨어 기다리는 동안/ 도깨비만 몇 번이나 왔다 갔다/ …(중략)… 천년보다 더 긴 그 밤/ 등잔불은 도둑 바람에/ 꺼질 듯 꺼질 듯/ 무서웠던 긴 긴 밤/ 지금도/ 엄마 발걸음 소리/ 찍 찍 고무신 끄는 소리 들린다/ …(하략)… – <어머니 기일(忌日)>중에서

어린 시절 마실 간 어머니를 기다리며 느꼈던 무섭고 외로웠던 감정들이 '도깨비만 몇 번이나 왔다 갔다'거나 '천년보다 더 긴 그 밤'이란 시어들을 통해 잘 드러내고 있다. 또 어머니가 마실을 가신 지 몇 시간도 지나지 않았지만 한 없이 길게 느껴졌던 그 밤, 방풍이 제대로 안 된 옛날 집들은 밤마다 부는 바람에 방안의 촛불마저

꺼질 듯 꺼질 듯 하고, 방문에 구멍을 내어 내다본 밖은 귀신이나 도깨비가 금방 다가오는 것 같아서 얼마나 무서웠던가. 그래서 어린 아이는 더욱 더 어머니의 품이 그리웠었다. 또 그랬기에 이미 시간이 엄청나게 흐른 지금까지도 시인은 돌아가신 어머님의 고무신 끄는 소리를 듣고 있는 것이다.

그리고 '오이서리 했다고/ 혼자서 덤터기 쓴 억울한 밤' '소화 안 된 그 오이가/ 아직도 마음속에 걸려 있다.' (<체증>)처럼 어린 시절 오이서리 했다고 아버지께 혼나던 기억마저도 이제는 새삼 그리움으로 떠오르는 것이다.

그러나 이 시집에 실려 있는 그리움을 드러낸 시들 대부분은 떠나간 연인에 대한 그리움이다. 연인에 대한 그리움은 '가로등 불빛 속에서/ 서로를 확인했고/ 마냥 걸었다 서울역 쪽으로/ 그리고 그녀는 한강을 건넜고/ 나는 바다를 건넜다' (<회상>)에서처럼 대부분 서로 다른 길을 선택하여 걸어가게 됨으로써 만들어지게 된다.

그래도 삶의 길목에서 들려온 소식으로 '가로등 밑에 홀로 있는 그녀'를 느끼면서 '까만 눈 속'에서 그리고 '잔잔히 떠도는 내음' (<회상>)으로 그녀를 느끼고 있는 것처럼 떠나간 사람에 대한 그리움은 화자의 일상 속에서 항상 함께 하는 감정이기도 하다.

그러기에 화자는 '허전하고 흐뭇한 지금'까지도 '그 때 그 설레임이 서리되어 걸음마다 깨어' (<회상>)지고 있고, 더욱 아쉬워하면서 지난날을 그리워하고 있는 것이다.

또 '비에 젖은 단풍잎처럼/ 싸늘히 식어가는 그 마음을/ 꼭 안아주지 못했다/ 버린 행복을 주워갖는 행운도 있으련만/ 수심이 복잡하게 고여 있는 추상화처럼/ 그 마음속을 해석하지 못했다' (<추상화>)처럼 아직도 상대방의 마음을 읽어내지 못했음을 자책하거나, '아직도 젖어있는 풀잎 길에/ 이끼 낀 옛날을 적시듯 속옷이 젖어' 들도록 안개비가 오는 날에는 '갈 곳 없다고 길게 길게 두 번 세 번/ 읊던 그 진달래가 그리운 목소리 되어/ 가만 가만 마음에 젖습니다' (<비오는 날의 부루스>)처럼 상념에 젖어드는 것이다

또한 아직까지도 '그녀가 상처 될까/ 따뜻한 흙 같은 가슴을 적실까/ 가슴에 끼고

간 남았던 말 꺼내지도 못하고 돌아섰다/ …(중략)… 그래도 시일이 지날수록 '침묵 속에서 봄꽃처럼 홍역을 앓는' (<심각지에서 있었던 일>) 가슴앓이도 하고, '종일 기다리다 나른한 몸으로/ 잠깐 조는 사이' '말간 연지를 바르고/ 자주 빛 목련 아래서/ 비를 맞으며 기다리고 있다' (<손님>)처럼 꿈속에서마저 사랑하는 사람이 여전히 비를 맞으면서 나를 기다리는 환영을 보며 위로받는다. 또 원화가 폭락되면서 어쩔 수 없이 떠나게 된 여인도 '그날 밤은 차가운 겨울비가/ 치근대는 아이처럼 오다 말다 했다/ 밤늦은 상점들의 불빛이 빗물에 젖어/ 썰렁한 마음속으로 스며들었다' (<슬픈 역사>)처럼 화자가 지닌 슬픈 역사의 한 쪽을 장식하고 있다.

그리고 '배가 떠난 빈자리에 흉터는 지워지지 않고/ 잠시 떠났다 가는/ 빈틈을 비집고 다시 끼어드는 눈물 실은 배/ 또 하나의 눈물을 만들고' (<그녀가 떠난자리>)에서처럼 사람과의 인연은 연속된 아픔이고, '가슴에 암처럼 숨어 있던 불씨/ 어린 마음을 울리고/ 눈물은/ 계절풍에 실려 이리 저리 떠다니다가/ 비 젖은 낙엽이 된다' '남 몰래 오래오래 지워지지 않고/ 위로가 되어주는 상처 딱지' (<상흔>)처럼 치유가 되지 않는 병으로 화자의 상처를 들쑤시고 있다. 그래서 화자는 지난 시절에 추억들이 생각날 때마다 '오뉴월 뜨거운 햇볕들이 많이도 흘러갔는데/ 흑점처럼 남아있는 마음의 생채기는/ 왜 아직도 남아있는가/ (<못난이>)처럼 자신을 못난이로 자책하기도 한다.

이 시집에서 두 번째로 제시하고 있는 주제는 타향살이의 애환과 향수다. '동전만한 봄빛도 보이지 않으니/ 발 동동 구르는 사람들은 그래서 슬프다' (<우울한 봄>)처럼 가난한 이방인으로 살아가는 삶은 새싹이 돋아나는 봄 풍경마저도 희망을 느끼지 못하게 만든다. 가난한 이민자의 삶은 어쩌다가 가족 모두가 다 앉아서 밥을 먹는 식탁에서도 자기 방을 만들어 달라는 딸에게 거짓말을 해야만 했고, 누가 보증금 문서나 차 등록증을 잡고 돈 빌려줄 사람은 없을까 하며 돈이 없어서 마음 졸이며 보낸 세월이어서 '동전만한 별빛도/ 보이지 않았던' (<사람을 찾습니다>) 세월을 보내야만 했다. 그만큼 이방인으로 살아갔던 삶은 고달픈 삶이었다. 처음부터 '이민 보따리 달랑 두 개/ 하나는 생활의 전부를 구겨 넣고/ 또 하나는 내 맘과 용기를 집어 넣고/ 믿음 하나로 왔다'처럼 빈손으로 떠나온 이민생활이었지만, '굳세던 삶에 구멍이 나고/ 가을 바람이 인다/ 멍에를 벗고 찾아갈 곳은/ 언제나 두 팔 벌리는 그 님뿐이다' (<축복>)처럼 아직까지도 고달픈 타향살이의 아픔을 위로받기 위해 님을 찾아가는 생활에서 벗어나지 못하고 있다. 이처럼 이 시집에 실려 있는 많은 작품들에서 고달픈 이민생활에 대한 삶의 애환을 드러내 보여주고 있다.

그러나 그러한 아픔도 결국은 시간이 해결해주기 마련이다. 사람들은 흐르는 시간을 토막 내어 한 해를 정하고, 하루를 정하여 살아간다. 그리고 한 해의 마지막 하루가 되는 그믐날을 보내고 나면 한 해를 다 보낸 것으로 여긴다. 그믐날은 시간상으로 보면 단지 하루의 시간일 뿐이지만, 그날만 지나면 또 다른 한 해가 시작되기에 지난 한 해동안의 삶을 총정리 하는 날이 되어 버렸다. 그래서 지난 한 해동안의 삶을 생각하게 되고 현실 속에서 그 한 해 동안 겪었던 생활이 고통스러웠어도 시간은 말없이 흘러가기에 '쉽게도 슬그머니 넘어간다'고 표현하고 있다. 그러나 슬그머니 넘어가는 시간 속에서 자신을 돌아보며 지난 한 해의 삶은 '자신에게 눈물이 될지 알면서도/ 밖으로만 나돌며/ 거렁뱅이로 고통스레 쏘다녔다' (<그믐날>)는 표현처럼 그냥 보내기에는 결코 수월하거나 편안한 삶이 아니었음을 암시하고 있다.

가난한 이웃들이 살아가는 삶의 모습을 현실에서 직접 마주치게 되면 조금은 처절하고 안쓰럽다. 성탄절에도 '때 묻은 금 부치는 숨겨놓고/ 빈손이라고 오리발이다' (<Merry Christmas>)처럼 마음이 가난한 사람들은 가난한 이웃들에게 따뜻한 손을 내밀지 않고, 삶에 지친 노동자들은 '주인이 바뀔 때마다 소식도 없이' 삶의 터전을 떠나가며, 구급차조차 부를 수 없는 가난한 이들만이 모여 사는 노인 아파트에서는 '사면초가에 갇힌 사람들/ 죽은 척 숨을 죽이고 있다(<Merry Christmas>)'처럼 사람들이 죽은 척 하면서 살아간다. 그런 까닭에 '열정으로 사랑했던 바람들도/ 힘없이 붉은 물이 든다/ …(중략)… / 오직 나는 나만으로 남아서/ 흐르는 계절 앞에 놓고/ 독한 소주 홀짝인다(<가을이 지나는 소리>)'처럼 회한 속에서 스스로를 위안하고 있다.

세 번째로 이 시집에서 드러내 보여주는 주제는 노년의 쓸쓸함이다. 누구나 나이가 들면 느끼게 되는 삶의 쓸쓸함을 이 시인은 추억과 희망을 버무려서 마무리한다. '세월로 씻긴 나그네는/ 해수가 쌓인 석화처럼 서글프다/ 허리가 휘도록 살아온 한 시절에/ 많이도 늙어버린 노송은 눈물을 떨군다' (<샌드브리지의 자전거>)거나 '혹시나 있을까 하고/ 그 집 앞을 지나는 골목 길/ 버려진 차 한 대를/ 진눈깨비가 흔들며/ 달아난 혼을 찾습니다' 처럼 자신의 정체성을 찾고자 노력하지만 '노을도 없는 저녁/ 가로등 불빛이 옮기만 합니다' (<지나가는 길입니다>)처럼 나이 들어서 느끼게 되는 쓸쓸함을 벗어던지지는 못하고 있다.

그래서 폐차장으로 향하는 고물자동차가 꾸는 꿈은 결국 시의 화자가 꾸는 꿈이기도 하다. 고물자동차처럼 화자도 이미 세월이 흘러버린 탓에 '옛날이 된 젊음이 눈물을 글썽'이게 만들고, 한때는 부푼 꿈을 안고 '자유로 잿빛 도시를 마구' 달렸던 세월도 있었지만, '지나던 고물차가 심술궂게 / 면상에 생채기를 입혔'고, 또 다른 차가 '옆구리를 치고 들어와/ 죽음 곁에 누워도 보았' 다가 결국 '잿빛 거리에 홀로 선 전신주와/ 죽음을 흥정하다가/ 병원으로 폐차장으로 인연이 끝났' (<고물자동차>)음을 알려주듯이 화자 자신도 언젠가는 삶의 마지막을 맞이하게 될 것임을 느끼고 있다.

그렇지만 5살배기 어린 손녀에게서 자전거 타는 것을 다시 배우듯이 이제는 '삐뚤빼뚤 넘어지면서 그렇게 살아왔듯이/ 자전거를 타고 비 내리는 해변을 달린다'처럼 지나온 삶이 고달팠지만 앞으로도 꾸준히 살아가고픈 마음을 드러낸다. 그런 까닭에 이제는 지난 시절보다 앞날의 희망을 갖고 살아가고자 한다. '고물가에 허리가 휘도록/ 신음하던 긴 여름 계곡/ 상한 마음을 달랠 길 없으면/ 단풍 열차를 타고 가을 속으로 들어가요'라고 말하거나 '목이 빠지도록 기다려 준 긴 여운도 있으니/ 삶들이 조금은 위로가 되겠지요' (<이 가을에는>) 처럼 새로운 가을을 맞이하면서 새로운 삶을 기대하는 마음도 드러낸다. 그래서 '언젠가 내가 부서지는 날/ 안구는 빛을 잃은 소녀에게 옮겨/ 아름다운 사랑을 그리며' (<고물 자동차>) 보내기를 기원하는 것처럼 다음 세대들이 앞 세대들의 땀과 눈물을 먹고 더 나은 삶을 살게 되기를 기원한다. 이처럼 시인의 마음이 아프면 다른 사람의 아픈 마음도 잘 보게 된다.

누구나 삶은 얼마나 의지가 강하느냐에 따라 그 길이 달라진다. 살다보면 누구나 소나기를 맞거나 천둥소리를 듣게 되고 먹구름이 불고 휘몰아친 바람으로 인해 삶의 길이 흔들리면서 가녀린 나무나 꽃처럼 힘없이 꺾여서 죽어가기도 한다. 어쩌면 한 생애 인생살이는 이러한 시련을 극복하면서 살아가야 하는 길이기도 하다. 그런 삶의 모습을 그린 시 <말뚝>에서는 '정성 들인 고추나무/ 의지 없이 멍청이 바람맞고/ 한창 희망으로 꽃을 피우던/ 자양화를 꺾어 놓고는/ 연민의 정도 없이 건너 마을로/ 미친년처럼 뛰어 간다/ …(중략)… 한여름 망나니에게 예나 지금이나/ 힘없이 당하고만 있다/ 나는 지금/ 실성한 바람들이 쓰러뜨린 의지에/ 말뚝을 박는다/ 바람 속으로 말뚝을 박는다'처럼 의지의 힘을 갖고 현실의 거센 파도에 맞서는 모습을 그리고 있다. 옛날 왕조사회에서 힘없는 서민들은 왕의 권위에 도전했다가 망나니의 칼에 맞아 이슬처럼 스러져간 사람들이 수없이 많았다. 그런데 개화된 지금도 서민들은 자본의 탈을 쓴 또 다른 힘센 세력들에게 한없이 당하고 있다. 그런 모습에 화자는 분개하면서 저항하고 있는 것이다. 바람 속에 말뚝을 박는 일처럼 쉬운 일이 아님을 알지만 그래도 몸부림이라도 쳐대면서 저항하고자 한다. 또 '삶 그 자체는 야박하기만 하고/ …(중략)…/ 조금이라도 한 눈을 팔 때면/ 깊고 어두운 구렁텅이로 몰아넣'지만 그래도 '거지 떼처럼 몰려오는 빚쟁이에게/ 미친 척 눈물 나도록 웃어주자' (<미친 척 웃어주자>)며, '꽃은 죽어도 꿈만은 버리지 않는다/ 고통이 속으로 속으로 스며들어도/ 새 봄이 왔다는 것을 믿는다/ …(중략)… 꽃잎을 시리도록 그리운 그 사람에게 날려 보내고/ 찬바람이 옷소매를 파고들 때/ 예수가 너를 사랑하듯/ 너를 위하여 모든 것을 주리라' (<믿음>)처럼 희망을 잃지 말고 살아가고자 한다.

이처럼 이 시인은 마지막으로 현실에 대한 긍정을 통해 희망을 노래하고 있다. 이제 황혼을 맞이한 화자는 힘들었던 지난 삶을 인정하면서 다른 한편으로 희망을 잃지 않고 삶을 긍정하면서 살아가고자 한다. 지난 날 힘든 삶의 길목에서 '나는 이 밤이 죽기 전에 삶의 독침을 아주 깊이 꽂는다' (<엇박자>)처럼 고통을 견디면서 지냈지만, 이제는 '멀리 달아난 그리움을 그린다/ 억울한 아픔도 그리고/ 따뜻한 눈물도 오래도록' '애증이 베어든 못난 놈을/ 가슴 가득 안고' (<시를 그린다>)처럼 시에 의지하여 삶을 살아간다. 그래서 '강정처럼 비어가는 허공 속 길가에/ 구부정히 서서 슬픔에 흔들리는 나무' (<바람이 흔드는 나무>)같거나 '하루의 노동보다 더 무거운 / 청구서 또 청구서' (<우체통>)처럼 현실의 삶은 아직도 고달프지만, '다만 가끔 생각나는 것은/ 비 오는 날 우산 받쳐준 그 사람' (<자화상>)처럼 그리운 대상만을 선명하게 떠올리면서 극복해 나가고 있다.

시 <그믐날>에서는 이처럼 현실을 담담

히 지켜보는 화자의 모습을 잘 드러내 보여준다. '그믐에서/ 새 해로 넘어가는/ 길고 험한 일 년이/ 쉽게도 슬그머니 넘어간다/ 칠십 년을 순간처럼 보내고/ 오랜만에 나 자신으로 돌아왔다/ 자신에게 눈물이 될지 알면서도/ 밖으로만 나돌며/ 거렁뱅이로 고통스레 쏘다녔다' (<그믐날>)에서처럼 고통스런 세월도 정작 마주치면 슬그머니 지나간 시간에 불과할 뿐이다. 그래서 '빨리도 왔다 빨리도 가는 무심 속/ 돌고 돌면서 개 꼬리만 잡은 실패의 종점/' '나비가 허물 벗듯/ 때 묻고 얼룩진 속과 겉을 벗는 지점' (<송년>)처럼 실패와 고통으로 얼룩진 시간들도 결국에는 아무런 흔적 없이 그리고 소리 없이 지나가기 마련이다. 그런 까닭에 '속이 썩어 흙으로 쌓이고/ 눈물로 다시 척박한 땅'이지만 그곳에서 꽃향기가 피어나는 것처럼 '상처가 큰 곳에서 큰 나무로 자라고/ 사람의 가슴속이 검게 탄 사연을/ 누군가 분홍색으로 색칠' (<썩은 흙에서 꽃은 핀다>)할 것이라는 믿음으로 내일에 대한 희망과 기대를 표현한다.

또 '햇빛이 늦잠 자는 사이로/ 도둑 같

이 빠져나가는 아침(<홀가분한 하루>)'처럼 나이가 들수록 시간은 무척이나 빨리 지나가기 마련이다. 그래서 '아름다운 그녀를/ 만나러 가는 흐뭇한 기분으로(<홀가분한 하루>)' 산을 좋아하는 시인은 산을 가게 되는 것이다.

이같이 화자는 이제 희망을 잃지 않고 삶을 긍정적으로 받아들이고자 한다. 그래서 시집 제목으로도 사용된 시 <봄과 여름 사이>는 이제까지 살아온 자신의 삶에 대한 긍정이며 새로운 다짐이기도 하다.

'정직한 대지는 생명을 만들어/ 흙덩이를 뚫고 바람 부는 세상으로 밀어 올렸다/ 노인은 바람의 모퉁이에서/ 바람을 맞으며 물을 날랐다 긴 호흡을 토하며/ 비료를 뿌리며 무심히 지나가는 구름도 본다/ …(중략)… 비가 후다닥 소리치는 날/ 노인은 미소와 고추 하나, 오이 하나 들고/ 문 안으로 들어섰다' (<봄과 여름 사이>)

즉 이 시에서는 땅의 정직함을 믿고 살아온 지난 과정을 뒤돌아보면서, 이제 맞이한 황혼의 삶을 긍정적으로 그려 보이고 있는 것이다.

앞에서 살펴본 것처럼 이천우 시인은 타향에서 살아갈 수밖에 없는 이방인으로서 사람들에 대한 그리움과 타향살이의 애환과 향수, 그리고 노년의 쓸쓸함을 통해 황혼의 길목에서 느끼는 삶의 풍경들을 노래하고 있다. 그와 함께 이 시인은 고달픈 이방인의 삶을 살아가면서도 삶에 대한 긍정적인 태도를 버리지 않음으로써 내일에 대한 희망을 노래하고 있다.

김봉진
아호 한아. 문학박사. 문학평론가. 한국문인협회 이사. 국제펜클럽 한국본부 회원.
저서 《박태원 소설세계》《소설 속 풍경 읽기》《독서지도 방법론과 실제》 등

이민 생활의 풍경화

시인 김낙영

이천우 시인의 시들을 접하며 느끼는 것은 다분히 동양적이며 서민적이라는 것이다. 그래서 한국인의 특별한 질적 요소, 정이 전달된다고 할 수 있다. 미국에 와 살다보면 차가워지고 개인적인 삶을 살게 된다고 하는데 이천우 시인은 그렇게 살지 못하고 어쩔 수 없는 한국인으로 살고 있다는 것을 시어로서 말해주고 있다.

한국인에게서만 맡을 수 있다는 정이라는 냄새, 그 정이 있기에 다시는 안 만날 것처럼 하다가 또 다시 만나며 미운정을 쌓는 것이다. 그 미운정이 어쩌면 고운정보다 더 끈질겨 인연을 끊지 못하고 사는 것이 한국인이기도 하다.

미국에 와 사는 손자 손녀들이나 현대인들에겐 신화와 같은 이야기가 될 오이서리를 들려주는 이천우 시인의 언어들은 마치 동양의 수묵화처럼 가슴으로 은은히 스며들고 있다.

곧게 뻗어나가는 직선에 완만한 곡선을

그려 넣는 것처럼 우리 삶의 양태와 무늬들을 한국적으로 압축시키고 있어 우리가 서 있는 지점을 언어로서 대칭화 하였다. 그리고 그것은 결국 정이란 것을 들어나게 한다.

'광어는 죽었나 살았나'는 서민들 삶의 한 장면을 너무도 잘 묘사하고 있어 한 컷의 사진을 보는 것 같다. '값이 꺾인 소주잔을 들고/ 넘어오는 시름도 꿀꺽 마신다/ 실직한 이 서방이 불경기라고 울어대는 박 서방과 마주했다/' 이 시에서 이 서방이나 박 서방은 다수의 소시민으로 어느 특정인의 삶이 아닌 평범한 사람들의 삶을 그리고 있다. 지금도 일반 대중들이 가는 술집에 가면 고단한 일상을 토로하는 이 서방이나 김 서방 박 서방이 있을 것이다. 그들이 있기에 술집이 있고 술을 제조하는 공장이 있을 것이다. 그러나 그들은 '불안한 내일은 내 것이 아니라고 억지를 쓴다/ 먼 어느 낯선 곳에서 왔다는 활어들/ 온갖 처방약으로 사는 이 서방을 만났다/ ' 알콜 기운을 빌려 내일의 불안을 털어내려는 소시민의 자위의 모습은 안타까운데 온갖 처방약으로 사는 이 서방까지 만나니 더

깝깝해지는 술자리다. '각종 항생제로 연명하는 광어들이/ 펄펄 뛰다가 넘어졌다/ 아직도 살아서 올려다보는 두 눈이/ 초롱초롱 겨울밤 별빛을 닮았다/ 이미 칼을 맞아 퍼덕이는 비명 속에서 밤늦도록 서로 바라다만 보았다' 온갖 처방약으로 연명해 가는 이 서방에게 각종 항생제로 살아가는 광어까지 겹쳐지다가 결국은 칼을 맞고 마는 광어의 운명에 이르면 우리가 살아가는 현장이 얼마나 처절한가를 전율케 한다.

광어가 이미 칼을 맞아 퍼덕이는 비명 속에서 밤늦도록 서로 바라다만 보는 그 무기력이 소시민의 현실이다. 그래서 더 술을 먹게 되는 것이다.

이 시에서 시인은 일반인들이 들을 수 없는 칼에 맞는 광어의 비명을 들을 수 있기 때문에 어쩌면 불가에서 말하는 연기설이나 만물동근으로서 생명의 경계를 뛰어넘을 수 있는 것이다. 감정 전이를 뛰어넘어 광어의 비명을 듣고 쓰러진 광어의 눈이 별빛을 닮았다는 것을 발견함으로서 이천우 시인의 무의식은 이미 그들과 일체가 되었다는 것을 말해준다. 칼에 맞아 비명을 지르는 소리를 듣는 고통 속에서 별빛을 닮은 눈을 발견하는 시인의 의식은 처절함을 배경으로 한 슬픈 미학의 정점으로 반전시킨다. 너무도 슬퍼 눈물을 흘리지 않을 수 없는 정점이지만 삶이 정화되는 은밀함이 들어 있다. 이런 것이 약자의 운명이지만 끊임없이 생명을 이어갈 생명들을 잉태시키는 원인이 되기도 한다.

제 힘으로 제 일을 어떻게 하지 못하는 데서 오는 좌절과 슬픔, 그런데 그것이 별빛을 닮아 생명의 고리들을 이어가는 것이다.

'사람을 찾습니다'에 이르면 도시에 모여 살고 있는 패배자들의 모습이 더 선명하게 드러난다. '전당포가 곁에 있으면/ 뚫리는 일상을 매우기가 수월하겠는데' 전당포에 갈일이 어쩌다 한 번 있는 것이 아니라 너무도 빈번하니 아예 곁에 있으면 편하고 좋겠다는 것이다.

가까이 없는 전당포뿐만 아니라 누구에겐가 의논 할 사람이 없어 '언제나 혼자서 하루를 넘기자니/ 마음이 한 뼘씩 타들어간다/ 어쩌다 성원이 된 식탁에서/ 독방을 달라는 딸년에게도 거짓말을 했다' 다 큰 딸은 독방이 필요한 시기가 되어 독방을 달라고 하지만 가난한 가장은 딸의 성장을 보듬어 안아 줄 수 없다. 뭐라고 거짓말을 하여 이 난처한 상황을 비켜갔을까. 궁금증을 동하게 하면서 슬픈 풍경화 속으로 끌려들어가게 한다.

마음이 한 뼘씩 타들어가는 하루 하루의 생활에서 '누가 보증금 잡아 줄 사람없을까/ 삶의 빨대를 모두 잃고/ 시커멓게 탄 마음만 남았다/ 차 등록증 잡을 사람 없을까.' 이 지경이면 사는 것이 사는 것이 아닌 그야말로 착잡한 인생길이다. 자동차 등록증이나 집의 보증금을 잡힐레도 그것이 쉽지 않은 답답하고 불안한 마음을 달래려고 '아무 눈길도 없는 뒷전/ 혼자 꾸역꾸역 밥을 먹지만/ 동전만한 별빛도 보이지 않는다' 밥이나 꾸역꾸역 먹는 가장은 이미 인간으로서 삶의 질 밖에 나와 있어 더 이상의 절망 같은 것도 없다.

'은행지점장'에서도 이천우 시인의 눈에 비치는 것은 거대 자본가인 은행주는 보이지 않고 '언제나 가난한 이들이 모여드는 양철통집/ 빨리도 돌아오는 집값 지불일/ 갚아도 갚아도 한 여름 오이 자라듯 커만 가는 카드 빚' 거대 자본에 코가 꿴 서민들이 빚을 갚으려 줄을 서는 고달픔이 그의 의식을 휘감고 있다. '언제나 0자 하나 모자라 통장에 금이 가고 / 삶에 짐을 지운다 그래도/ 주고받는 편안한 마음으로 허름한 유리문을 열었다.' 일반 서민들의 이민 생활의 고단함을 가식 없이 형상화시킨 풍경화는 너무도 투명해서 가슴이 저리기까지 한다.

그들의 삶에서 시선을 거두지 못하는 시인의 의식이 어떤 것인가는 긴 설명이 필요 없을 것이다. 밑바닥 인생들에 대한 애정이 없다면 시집 전반에 관류하는 서민들의 애환이 깔려 있지 않을 것이다.

인생황혼기에 접어들어서 아들과 골프를 치러가 맥주 한 잔 하는 즐거움도 있지만 아들과 자신의 수입이 비교도 안 되고 아들의 아내는 아직 젊어 예쁘기까지 하다는 푸념도 한다. '알게 되겠지'에서 아들과 자신을 비교하며 이제 자신의 한계를 고백하고 있다. '정지된 나의 수입 기대 밖에서 희미한데/ 아들 부부의 수입은 두 서너 곱으로/ 부자이니 내가 당할 수 없지/ 예쁜 아내가 있으니 더욱 그렇고' 노년의 희한이 베어나는 시로서 누구나 공감하지 않을 수 없을 것이다.

그의 시들을 대하면 이민자들 대부분이 바로 자신의 이야기로 받아들일 것이다. 한국의 고달픈 서민이나 조금도 다를 것이 없는 이민자들의 삶이 잘 녹아 있는 언어들은 바로 이웃집 아저씨기 자신의 이야기를 조근조근 이야기 해주는 듯하다.

이 시인의 의식 세계는 주어진 상황을 운명처럼 받아들이지만 때로는 불만을 토로 하기도 한다. '우울한 봄'에서 '언덕 위 큰 집 왈가왈부 국회의사당/ 멀리 빠끔히 보이는 하얀 조롱 백악관/ 바로 앞에는 스타워즈 펜타곤이 숨어있다' 미국의 국사를 논하는 국회의사당을 왈가왈부하는 곳으로 백악관을 하얀 조롱으로 묘사 한 것은 풍자적이지만 미국을 숭배하는 사람들한테는 공격받을 표현이 될 수도 있을 것이다. '저 멀리 하얀 언덕 막막히 보이지 않는다/ 오각형 돌집은 조용하기만 한데/ 오늘은 어느 곳에서 벌집을 쑤시고 다니는가' 펜타곤이나 백악관은 외관상으로 볼 때는 항상 조용하고 평화롭다. 그러나 그 조용함과 평화로움 속에서 세계 어느 곳에선가 전쟁을 기획하여 벌집을 쑤시고 다닌다는 것이다. '백악관 주인은 바쁜 것인가 낮잠을 자는 것인가/ 끝없이 늘어선 아우성들/ 뜨락에 산더미 같이 쌓인 잡초들/ 누가 이 흉가를 만들었나/ 봄은 울고 있다/ 동전만한 봄빛도 보이지 않으니/ 발 동동 구르는 사람들은 그래서 슬프다' 백악관 주인은 낮잠을 자고 있는 것인지 없는 사람들 힘없는 사람들이 동전만한 봄빛도 보이지 않아 발만 동동 구르며 슬퍼하는 것을 모르고 있다고 하소연한다. 그리고 그들을 돌보지 않고 쓸데없이 여기저기 돌아다니며 벌집이나 쑤시고 다닌다고 점잖게 나무라고 있다.

여기 저기 전쟁을 주도 하지만 뭐 속시원히 결말 나는 것은 없고 경제만 엉망이 되어 서민은 동전만한 봄빛도 보이지 않는 삶을 살고 있다는 것이다. 흔히 미국은 전쟁을 해야만 경제가 살아난다고 하지만 그것은 현실과 맞지 않는 다는 것을 알게 해준다. 오랜 전쟁 끝에 미국만 죽을 지경이 아니라 미국의 어려운 경제가 전 세계 경제에 영향을 끼치고 있는 현실이다.

이민자들의 힘든 삶을 따뜻한 시선으로 감싸는 정한(情恨)의 언어들이 '우울한 봄'

에 와서 서민들 생활에 영향을 미치고 있는 국가 핵심에 대한 불만을 토로 하므로 근원적 성찰이 있음을 보여주고 있다.

서민들의 문제를 좀 더 적극적으로 고민해야 할 정부가 낮잠이나 자고 여기저기 벌집 쑤시듯 전쟁이나 하려 하지 말고 동전만한 봄빛이라도 전달시켜 주기를 바라고 있다는 것은 그만큼 그가 이웃을 사랑하고 있다는 것을 말해주고 있다.

'봄과 여름사이'는 이 시인 시도(詩道)의 새로운 精髓(정수)가 녹아들어 있어 많은 독자들에게 사랑을 받으리라 믿어 의심치 않는다.

봄과 여름사이

초　　판　2011년 4월 30일
지 은 이　이천우
펴 낸 곳　초록낙타
주　　소　서울 강북구 수유5동
미광빌라 가동 203,
516-63
출판등록　제9-001695
전화번호　02-990-7231
전자우편　gwk88@yahoo.co.kr

ISBN　978-89-958709-8-3 03810

값 12.000원
잘못된 책은 바꾸어 드립니다.